школа - a skoro	2
падарожжа - a koiri	5
транспарт - a transport	8
горад - a foto	10
краявід - a landschap	14
рэстаран - a restaurant	17
супермаркет - a wenkri	20
напоі - a dringi	22
ежа - a nyan	23
сядзіба - a burugron	27
дом - a oso	31
жылы пакой - a foroisi	33
кухня - a botrali	35
ванная - a was oso	38
дзіцячы пакой - a pikin kamra	42
адзенне - a krosi	44
офіс - a kantoro	49
эканоміка - a ekonomia	51
прафесіі - den kari	53
інструменты - a wrokosani	56
музычныя інструменты - den poku sani	57
заапарк - a meti dyari	59
спорт - a sport	62
дзейнасць - den aktifiteit	63
сям'я - a famiri	67
цела - a skin	68
шпіталь - a ati oso	72
экстраная дапамога - a nowtu	76
Зямля - a grontapu	77
гадзіннік - oloisi	79
тыдзень - a wiki	80
год - a yari	81
формы - den form	83
колеры - kloru	84
супрацьлегласці - difrenti	85
лічбы - den nomru	88
мовы - den tongo	90
хто / што / як - suma / sang / fa	91
дзе - pe	92

Impressum
Verlag: BABADADA GmbH, Nedderfeld 112 , 22529 Hamburg
Geschäftsführer / Verlagsleitung: Harald Hof
Druck: Books on Demand GmbH, In de Tarpen 42, 22848 Norderstedt

Imprint
Publisher: BABADADA GmbH, Nedderfeld 112 , 22529 Hamburg, Germany
Managing Director / Publishing direction: Harald Hof
Print: Books on Demand GmbH, In de Tarpen 42, 22848 Norderstedt

школа
a skoro

- дзяліць — prati
- дошка — a bord
- класны пакой — a klas
- школьны двор — a skoro dyari
- настаўнік — a leriman
- папера — a papira
- ручка — a pen
- пісьмовы стол — a tafra
- пісаць — skrifi
- лінейка — a lati
- кніга — a buku
- вучань — a studenti

ранец
a skorotas

пенал
a kisi

просты аловак
a skriftiki

тачылка для алоўкаў
a srapu

гумка
a sisibi

альбом для малявання
a prenki buku

малюнак
a prenki

пэндзлік
a kwasi

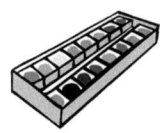
фарбы
a ferfidosu

нажніцы
a sisei

клей
a gomma

сшытак
a skrifbuku

хатняе заданне
a skorowroko

лік
a nomru

дадаваць
teri

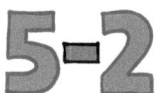
адымаць
koti

множыць
vermenigvuldig

лічыць
teri

літара
a brifi

алфавіт
a alfabet

словы
a wortu

школа - a skoro

тэкст
a wortu

чытаць
lesi

крэйда
a kreiti

ўрок
a yuru

класны журнал
a klasbuku

экзамен
a examen

атэстат
a skoropapira

школьная форма
a sem skoro krosi

адукацыя
a skoro

энцыклапедыя
a encyklopedie

універсітэт
a unifersiteit

мікраскоп
a mikroskoop

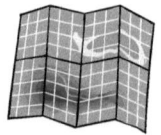
карта
a karta

смеццевы кошык
a doti embre

школа - a skoro

падарожжа
a koiri

гатэль
a hotel

хостэл
a hostel

абменны пункт
a kenki kantoro

чамадан
a kofru

аўтамабіль
a wagi

мова

a tongo

так / не

ai / no

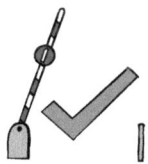

добра

afen

прывітанне!

Ei!

перекладчык

a torku

дзякуй

Grantangi

падарожжа - a koiri

Колькі каштуе....?
O meni...?

я не разумею
Mi ne ferstan

праблема
a problema

Добры вечар!
Kuneti!

Добрай раніцы!
Morgu!

Дабранач!
Kuneti!

да пабачэння
Adyosi!

кірунак
a beni

багаж
a bagasi

сумка
a tas

заплечнік
a tas

госць
a fisiti

пакой
a kamra

спальны мяшок
a sribi saka

палатка
a tenti

падарожжа - a koiri

нфармацыя для турыстаў	пляж	крэдытная картка
a reiskantoro	a sekanti	a kreditkarta

снеданне	абед	вячэра
a mamanten nyanyan	nyanyan	a nyanyan

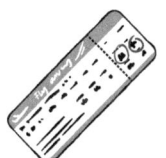  

праязны білет	ліфт	паштовая марка
a karta	a lift	a stampu

мяжа	мытня	пасольства
a lanki	a douane	a ambassade

віза	пашпарт
a fisa	a pasportu

падарожжа - a koiri

транспарт
a transport

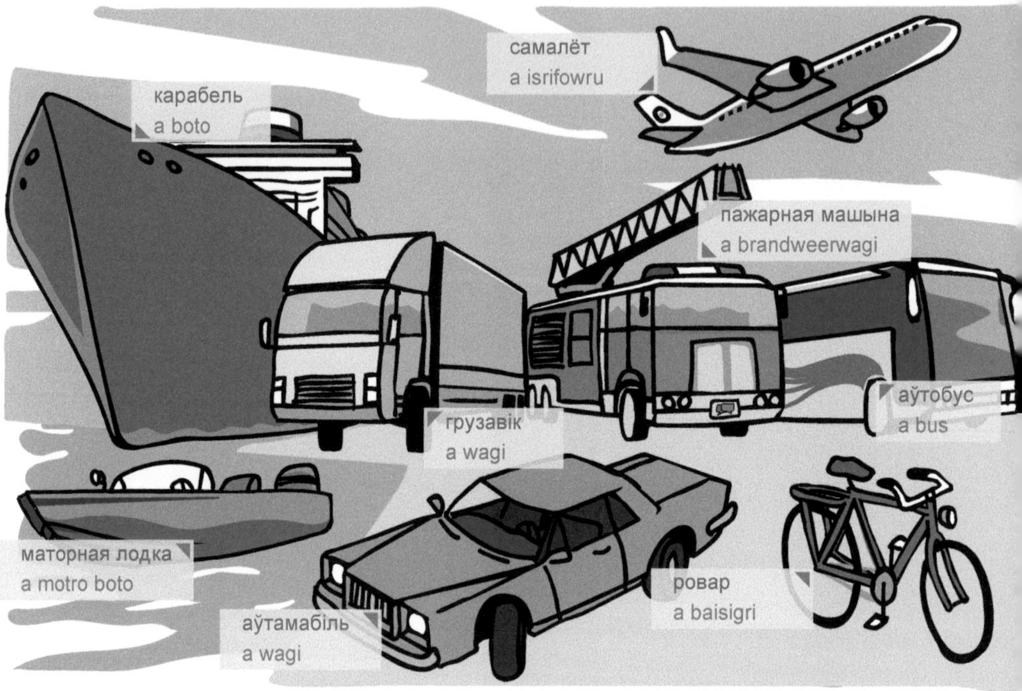

- самалёт — a isrifowru
- карабель — a boto
- пажарная машына — a brandweerwagi
- аўтобус — a bus
- грузавік — a wagi
- маторная лодка — a motro boto
- аўтамабіль — a wagi
- ровар — a baisigri

паром
a pondo

лодка
a boto

матацыкл
a motro

паліцэйская машына
a skowtu wagi

гоначны аўтамабіль
a streilon wagi

арэндаваны аўтамабіль
a yuru wagi

сумеснае карыстанне аўтамабілем
a wagi prati

эвакуатар
a takelwagi

смеццявоз
a doti wagi

матор
a motro

паліва
a oli

запраўка
a oli pompu

дарожны знак
a ferkeermarki

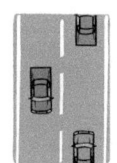

дарожны рух
a ferkeer

затор
a reylo

паркоўка
a parkeerpresi

чыгуначная станцыя
a lokopresi

рэйкі
den rail

цягнік
a loko

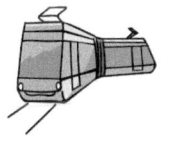

трамвай
a loko

вагон
a wagi

транспарт - a transport

верталёт
a helikopter

аэрапорт
a opolangi

вежа
a fortresi

пасажыр
a pasasir

кантэйнер
a kontainer

кардонная скрыня
a doso

тачка
a wagi

карзіна
a baskita

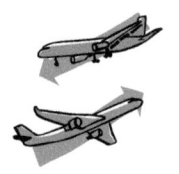
ўзлятаць / прызямляцца
opo go / saka

горад
a foto

вёска
a dorpu

цэнтр горада
a fotosei

дом
a oso

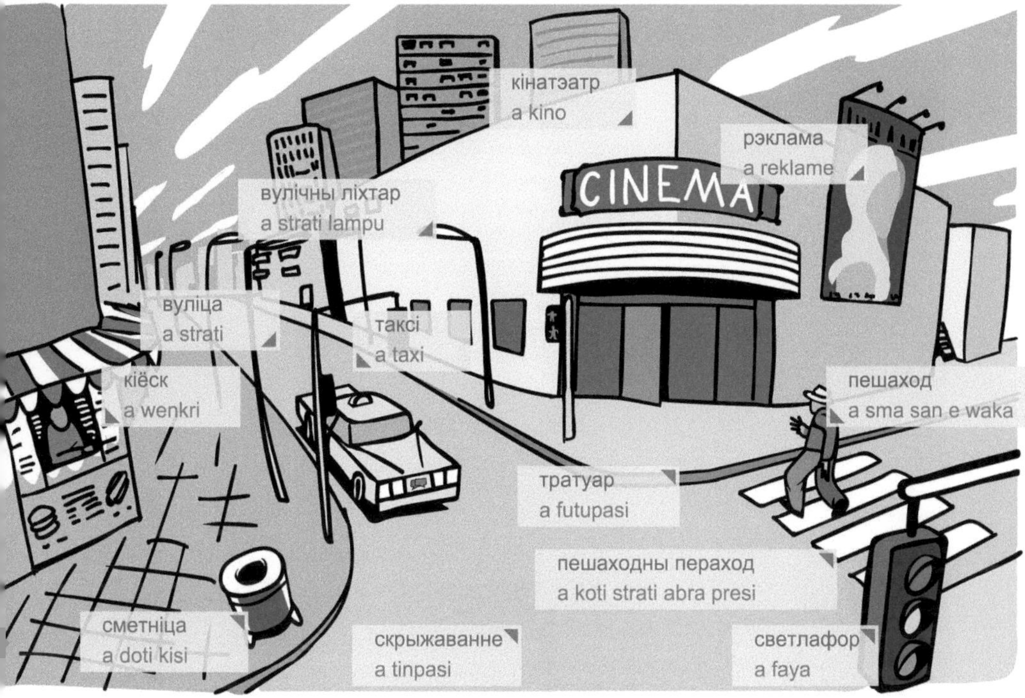

кінатэатр — a kino
рэклама — a reklame
вулічны ліхтар — a strati lampu
вуліца — a strati
таксі — a taxi
кіёск — a wenkri
пешаход — a sma san e waka
тратуар — a futupasi
сметніца — a doti kisi
пешаходны пераход — a koti strati abra presi
скрыжаванне — a tinpasi
светлафор — a faya

халупа
a kampu

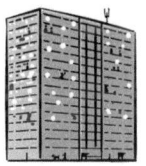

кватэра
a oso

чыгуначная станцыя
a lokopresi

ратуша
a foto oso

музей
a museum

школа
a skoro

горад - a foto

універсітэт
a unifersiteit

банк
a bangi

шпіталь
a ati oso

гатэль
a hotel

аптэка
a apteiki

офіс
a kantoro

кнігарня
a buku winkri

крама
a wenkri

кветкавая крама
a bromki winkri

супермаркет
a wenkri

кірмаш
a wowoyo

універмаг
a wowoyo

рыбная крама
a fisi seri man

гандлевы цэнтр
a bigi wenkri

порт
a lanpresi

горад - a foto

парк
a park

лава
a bangi

мост
a broki

лесвіца
a trapu

метро
a fatyawagi

тунэль
a ondrogron-strati

прыпынак
a bushalte

бар
a bar

рэстаран
a restaurant

паштовая скрыня
a brifibus

вулічны паказальнік
a strati nen marki

паркамат
a parkeer marki

заапарк
a meti dyari

басейн
a swen presi

мячэць
a gado-oso

сядзіба
a burugron

забруджванне
навакольнага асяроддзя
a doti sani

могілкі
a berpe

царква
a kerki

пляцоўка для гульні
a prei presi

храм
a gado-oso

краявід
a landschap

ліст — a wiwiri
паказальнік — a pasi marki
дарога — a pasi
луг — a wei
камень — a ston
дрэва — a bon
падарожнік — a koiri sma
рака — a libi
трава — a grasi
кветка — a bromki

 даліна a lagi presi	 гара a lebriki	 возера a fisi-olo
 лес a busi	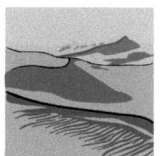 пустыня a dreisabana	 вулкан a bergi
 замак a ridder-oso	 вясёлка a alenbo	 грыб a todoprasoro
 пальма a palmbon	 камар a maskita	 муха a freifrei
 мурашка a mira	 пчала a waswasi	 павук a anansi

краявід - a landschap

жук
a asege

жаба
a todo

вавёрка
a bonboni

вожык
a agidya

заяц
a kon koni

сава
a owru kuku

птушка
a fowru

лебедзь
a gansi

дзік
a werder agu

алень
a dia

лось
a dia

плаціна
a dan

вятрак
a winti miri

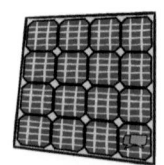

сонечная батарэя
a son planga

клімат
a weer

краявід - a landschap

рэстаран
a restaurant

афіцыянт
a diniman

меню
a nyankarta

крэсла
a sturu

суп
a supu

піца
a pissa

сталовыя прыборы
nefi nanga forku

абрус
tafra duku

закуска
a fesi nyanyan

другая страва
a moro prenspari sortu nyan

дэсерт
a switi sani

напоі
a dringi

ежа
a nyan

бутэлька
a batra

хуткае харчаванне (фаст-фуд)
a fastfood

стрыт-фуд
strati nyanyan

імбрык (чайнік)
a tépatu

цукарніца
sukru patu

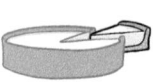
порцыя
a krab'patu

эспрэса-машына
a espressomasyin

дзіцячае крэселка
a pikin sturu

рахунак
a borgu

паднос
a brakri

нож
a nefi

відэлец
a forku

лыжка
a spun

чайная лыжка
a téspun

сурвэтка
a servet

шклянка
a grasi

рэстаран - a restaurant

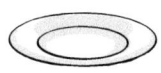

талерка

a preti

супавая талерка

a supu preti

сподак

a skotriki

соус

a sowsu

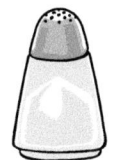

сальніца

a sowtupatu

млынок для перцу

a pepre miri

воцат

a asin

алей

a oli

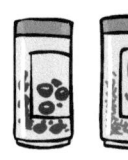

спецыі

den specerij

кетчуп

a ketchup

гарчыца

a mosterd

маянэз

a mayonaise

рэстаран - a restaurant

супермаркет
a wenkri

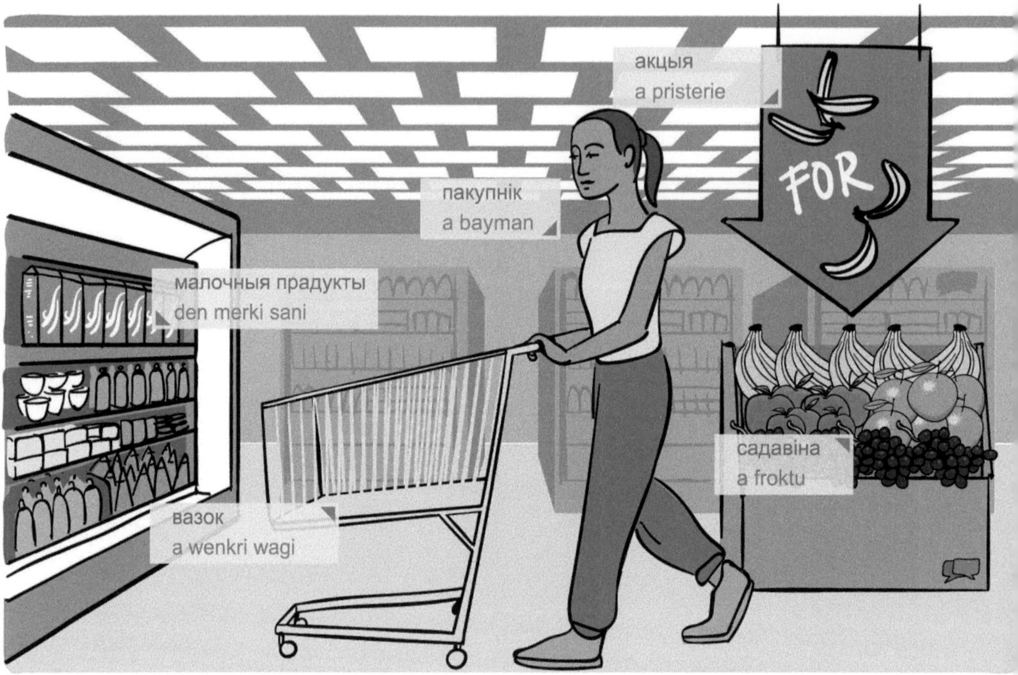

акцыя
a pristerie

пакупнік
a bayman

малочныя прадукты
den merki sani

садавіна
a froktu

вазок
a wenkri wagi

мясная крама
a srakti-oso

хлебны магазін
a bakri-oso

важыць
wegi

гародніна
a gruntu

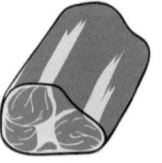

мяса
a meti

свежазамарожаныя прадукты
den ijskasi sani

супермаркет - a wenkri

нарэзка
a kowru meti

кансервы
a blik nyan

пральны парашок
a wasi sani

прысмакі
a switi sani

хатнія прылады
den oso sani

чысцячы сродак
a sani fu krin

прадавец
a seri sma

каса
a kas

касір
a kasman

спіс пакупак
a bai marki

гадзіны працы
den opo yuru

бумажнік
a portmoni

крэдытная картка
a kreditkarta

сумка
a tas

пакет
a plastik saka

супермаркет - a wenkri

напоі
a dringi

вада
a watra

сок
a sap

малако
a merki

кола
a kola

віно
a win

піва
a biri

алкаголь
a sopi

какава
a skrati

гарбата (чай)
a té

кава
a kofi

эспрэса
a espresso

капучына
a kappuccino

ежа
a nyan

банан
a bakba

яблык
a apra

апельсін
a apresina

дыня
a watramun

лімон
a sitrun

морква
a rutu

часнок
a konofroku

бамбук
a bambu

цыбуля
a aiun

грыб
den todoprasoro

арэхі
den noto

локшына
a pasta

спагеці a spaghetti	рыс a alesi	салата a salade

бульба фры a patata	смажаная бульба den baka patata	піца a pissa

гамбургер a burger	бутэрброд a brede	шніцаль a schnitsel

вяндліна a ameti	салямі a salami	каўбаса a worst

курыца a kafowru	смажаніна a bakadina	рыбак a fisi

ежа - a nyan

аўсяныя камякі

a hafermout

мюслі

a muesli

кукурузныя шматкі

den karuflakes

мука

a blon

круасан

a croissant

булачка

den brede

хлеб

a brede

тост

a baka brede

пячэнне

a buskutu

масла

a botro

тварог

a kwark

пірог

a kuku

яйка

a eksi

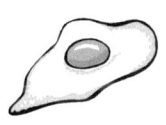

яечня

a baka eksi

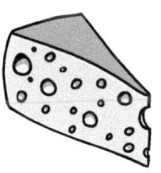

сыр

a kasi

ежа - a nyan

марожанае
a ice-cream

цукар
a sukru

мёд
a oni

варэнне
a jam

нуга
a sukruskrati pasta

кары
a kerrie

ежа - a nyan

сядзіба
a burugron

хата — a wroko gron presi
цюк саломы — a grasi bergi
хлеў — a maksin
поле — a gron
конь — a asi
прычэп — a aanhangwagi
жарабя — a pikin asi
трактар — a traktor
асёл — a buriki
авечка — a skapu
ягня — a pikin skapu

каза
a krabita

карова
a kaw

цяля
a pikin kaw

свіння
a agu

парася
a pikin agu

бык
a burkaw

гусак
a gansi

качка
a doksi

кураня
a pikin fowru

курыца
a fowru

певень
a kakafowru

пацук
a alata

кот
a puspusi

мыш
a moismoisi

вол
a burkaw

сабака
a dagu

сабачая будка
a dagu pen

садовы шланг
a tuinslang

палівачка
a watra kan

каса
a nefi

плуг
a pluga

сядзіба - a burugron

серп

a babun-nefi

матыка

a tyapu

вілы для гною

a forku

сякера

a beyri

тачка

a kroiwagi

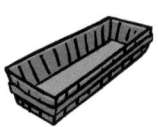

карыта

a baki

бітон для малака

a merki kan

мех

a saka

плот

a skotu

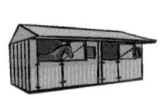

хлеў

a pen

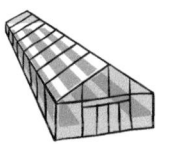

цяпліца

a grun kasi

глеба

a gron

насенне

a siri

угнаенне

a doti

камбайн

a maaidorser

сядзіба - a burugron

збіраць ураджай	ураджай	ямс
koti	a nyanyan	a yami

пшаніца	соя	бульба
a aleisi	a soja	a patata

кукуруза	рапс	садовае дрэва
a karu	a koro siri	a froktu bon

маніёк	збожжа	
a kasaba	den siri	

сядзіба - a burugron

дом
a oso

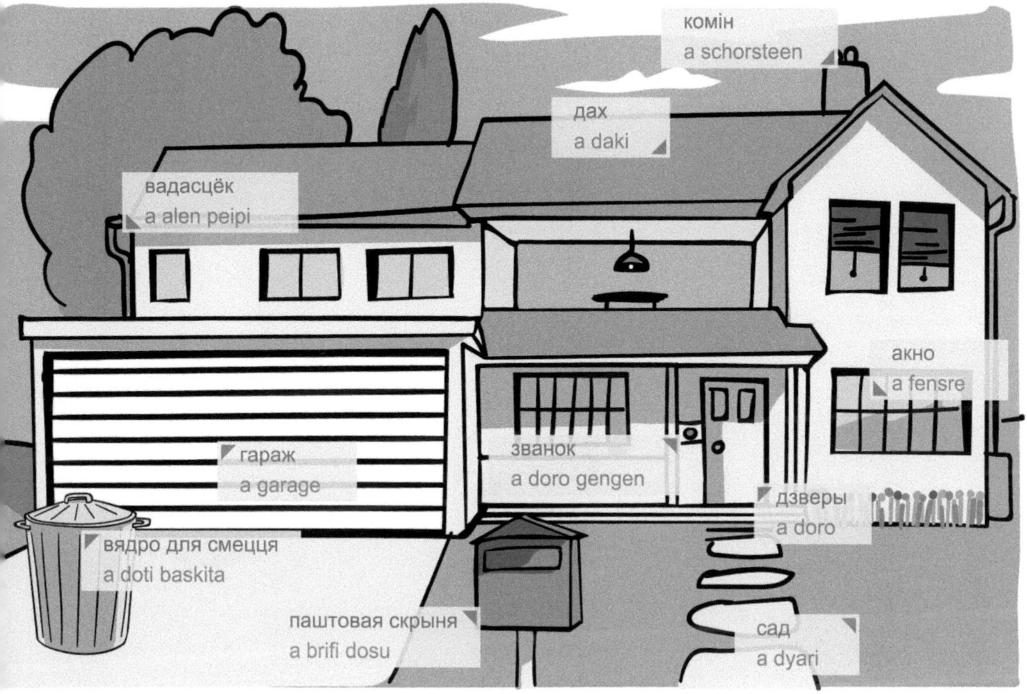

комін
a schorsteen

дах
a daki

вадасцёк
a alen peipi

акно
a fensre

гараж
a garage

званок
a doro gengen

дзверы
a doro

вядро для смецця
a doti baskita

паштовая скрыня
a brifi dosu

сад
a dyari

жылы пакой

a foroisi

ванная

a was oso

кухня

a botrali

спальны пакой

a sribikamra

дзіцячы пакой

a pikin kamra

сталоўка

a nyanyan kamra

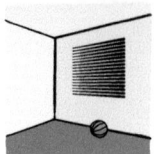
падлога
a gron

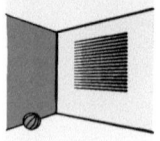
сцяна
a skotu

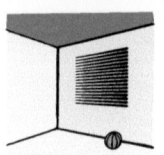
столь
a plafon

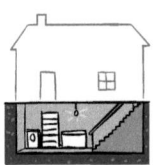
падвал
a kedre

саўна
a sauna

балкон
a barkon

тэраса
a terras

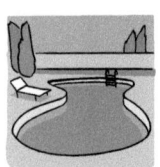
басейн
a swen presi

касілка
a waimasyin

падкоўдранік
a sribikrosi

коўдра
a sribikrosi

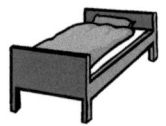
ложак
a bedi

венік
a sisibi

вядро
a embre

выключальнік
a san fu leti faya

дом - a oso

жылы пакой
a foroisi

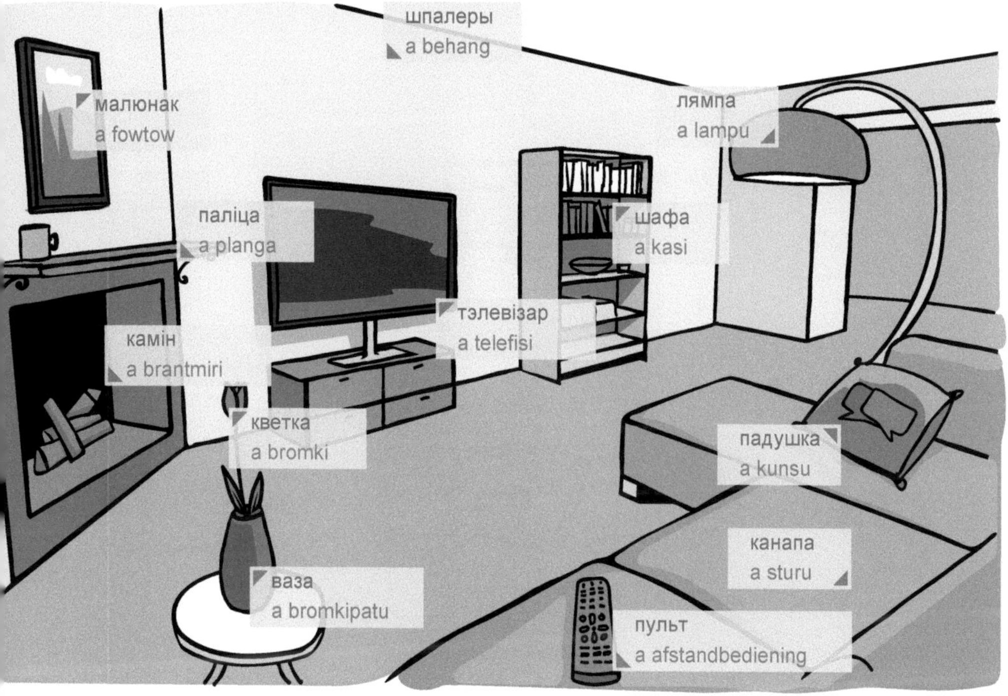

шпалеры — a behang
малюнак — a fowtow
лямпа — a lampu
паліца — a planga
шафа — a kasi
камін — a brantmiri
тэлевізар — a telefisi
кветка — a bromki
падушка — a kunsu
ваза — a bromkipatu
канапа — a sturu
пульт — a afstandbediening

дыван
a matamata

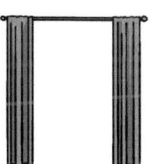

фіранка
a garden

стол
a tafra

крэсла
a sturu

крэсла-качалка
a boboisturu

крэсла
a sturu

жылы пакой - a foroisi

кніга a buku	коўдра a tapun	дэкарацыя a pranpran

дровы a udu	кіно a kino	стэрэасістэма a stereo-installatie

ключ a sroto	газета a koranti	карціна a skedrei

постар a poster	радыё a konkrudosu	нататнік a skrifi buku

пыласос a stofsuiger	кактус a kaktus	свечка a kandra

жылы пакой - a foroisi

кухня
a botrali

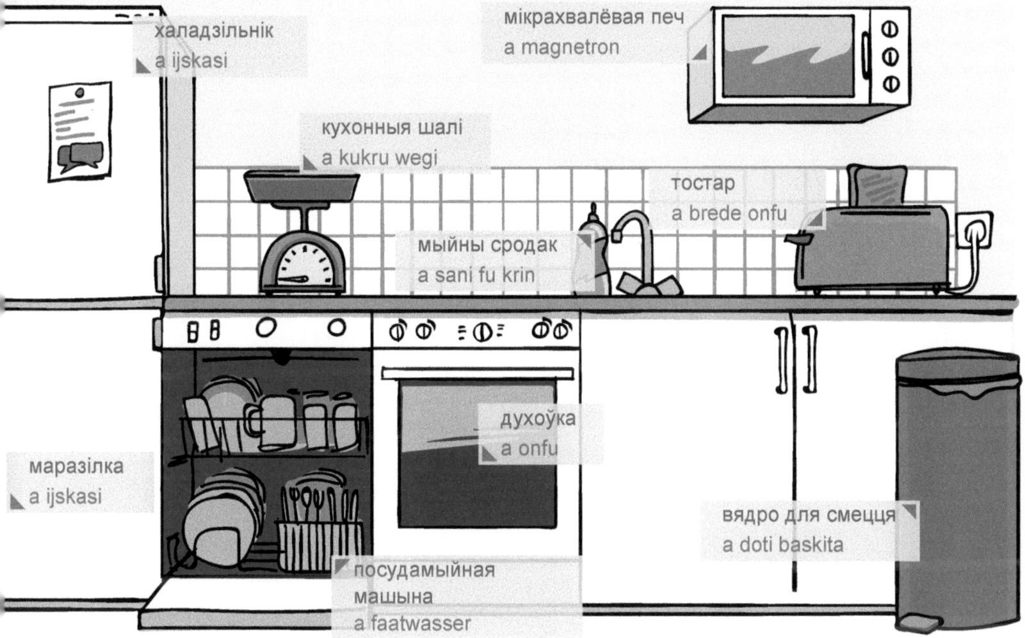

мікрахвалёвая печ
a magnetron

халадзільнік
a ijskasi

кухонныя шалі
a kukru wegi

тостар
a brede onfu

мыйны сродак
a sani fu krin

духоўка
a onfu

маразілка
a ijskasi

вядро для смецця
a doti baskita

посудамыйная машына
a faatwasser

пліта
a onfu

рондаль
a patu

чыгунок
a isri patu

Вок / кадаі
a wok / kadai

патэльня
a pan

чайнік
a ketre

кухня - a botrali

параварка
a dampupatu

бляха
a baka preti

посуд
den tafra-sani

кубак
a kan

міска
a koba

палачкі для ежы
den nyantiki

чарпак
a supu spun

лапатачка
a spatel

збівалка
a klutser

сіта для варэння
a fergiet

сіта
a dorodoro

тарка
a gritigriti

ступка
a mortier

грыль
a barbakoto

вогнішча
a faya presi

кухня - a botrali

дошка
a koti planga

качалка
a blon lolo

штопар
a korkutreki

бляшанка
a tromu

адкрывалка
a knefi fu opo blik

прыхваткі
a patu duku

ракавіна
a wasibaki

шчотка
a bosro

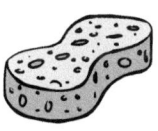

губка
a sponsu

міксер
a blender

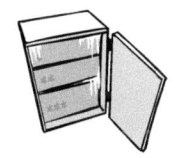

маразільная камера
a ijskasi

бутэлечка
a beibi batra

вадаправодны кран
a kran

кухня - a botrali

ванная
a was oso

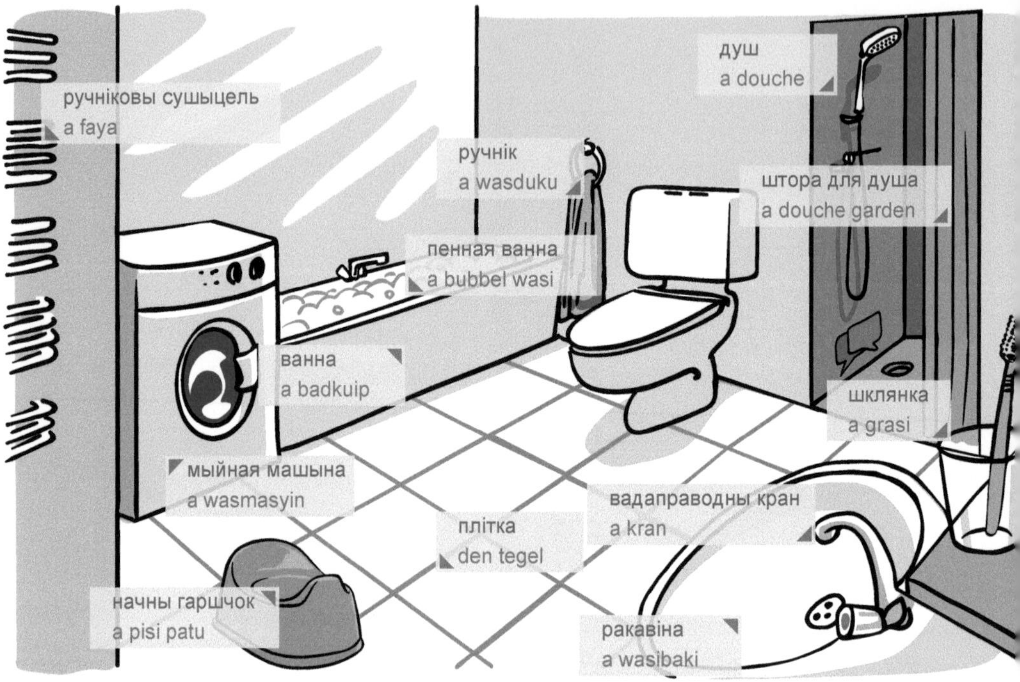

- ручніковы сушыцель / a faya
- душ / a douche
- ручнік / a wasduku
- штора для душа / a douche garden
- пенная ванна / a bubbel wasi
- ванна / a badkuip
- шклянка / a grasi
- мыйная машына / a wasmasyin
- вадаправодны кран / a kran
- плітка / den tegel
- начны гаршчок / a pisi patu
- ракавіна / a wasibaki

туалет
a kumakoisi

падлогавы ўнітаз
a kumakoisi

бідэ
a bidet

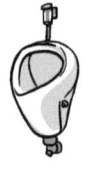

пісуар
a pisi presi

туалетная папера
a kumakoisi papira

шчотка для чысткі ўнітаза
a kumakoisi bosro

зубная шчотка

a tifi bosro

зубная паста

a tandpasta

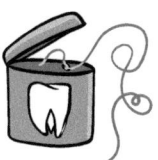

зубная нітка

a floss

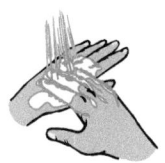

мыць

wasi

ручны душ

a douche

інтымны душ

a kumakoisi douche

умывальнік

a was koba

шчотка для спіны

a baka bosro

мыла

a sopo

гель для душа

a douchegel

шампунь

a sopo

вяхотка

a was krosi

вадасцёк

a afvoer

крэм

a krème

дэзадарант

a okselstik

ванная - a was oso

люстэрка

a spikri

касметычнае люстэрка

a moimoi fu fesi spikri

станок для галення

a sebinefi

пена для галення

a sebiskuma

ласьён пасля галення

a aftershave

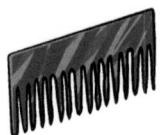

грэбень

a kankan

шчотка

a bosro

фен

a wiri drei masyin

лак для валасоў

a wirispray

касметыка

a moimoi fu fesi

памада

a lippenstift

лак для пазногцяў

a nangra ferfi

вата

den katun

манікюрныя нажніцы

a nangra sey

духі

a switi smeri

ванная - a was oso

касметычка — a tas gi krin sani

табурэтка — a kroku

вагі — a wegi

лазневы халат — a was dyaki

санітарныя пальчаткі — den handschoen fu krin

тампон — a tampon

 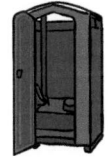

гігіенічныя пракладкі — a munduku

біятуалет — a kumakoisi

ванная - a was oso

дзіцячы пакой
a pikin kamra

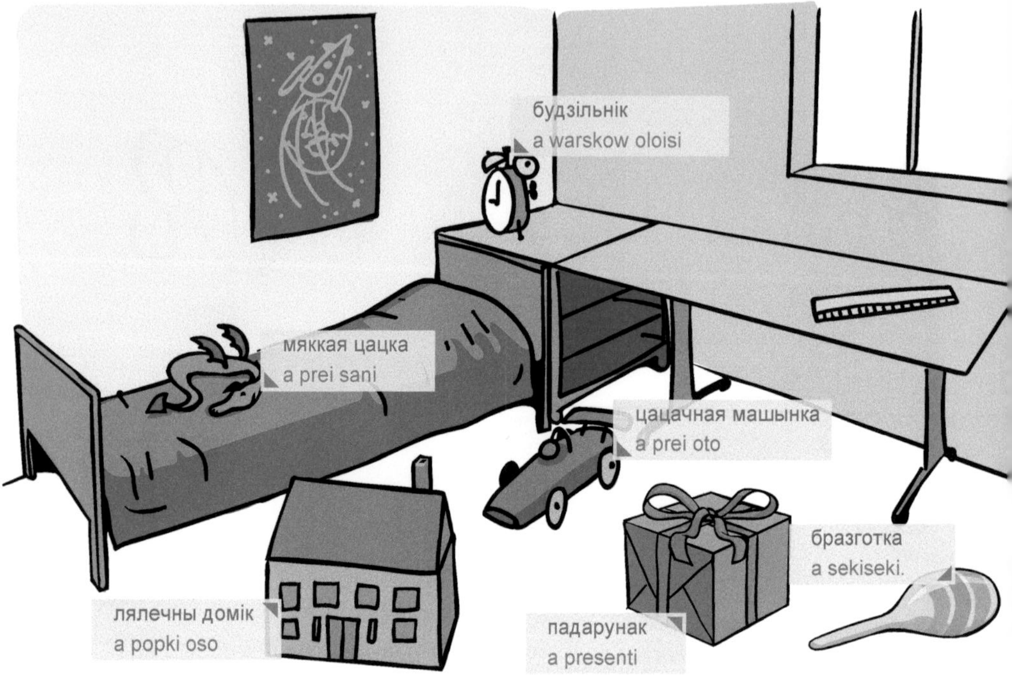

будзільнік
a warskow oloisi

мяккая цацка
a prei sani

цацачная машынка
a prei oto

бразготка
a sekiseki.

лялечны домік
a popki oso

падарунак
a presenti

надзіманы шарык
a ballon

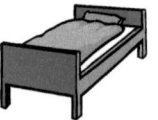

ложак
a bedi

дзіцячая каляска
a beibiwagi

калода картаў
a paki karta

пазл
a laytori

комікс
a strip torie

канструктар "Лега"
den lego ston

канструктар
den prei sani

экшэн-фігурка
a aktiefiguurtje

дзіцячы гарнітур
a beibikrosi

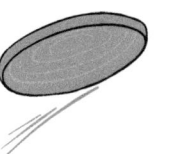
фрызбі
a frisbee

дзіцячы мабіль
a mobile

настольная гульня
a prei tapu bord

кубік
a prei ston

дзіцячая чыгунка
a prei sani loko

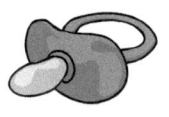
пустышка
a bobimofo

дзіцячае свята
a fesa

кніга з малюнкамі
a prenki buku

мячык
a bal

лялька
a popki

гуляцца
prei

дзіцячы пакой - a pikin kamra

пясочніца
a santi baki

арэлі
a boboisturu

цацкі
den preisani

гульнявая відэа прыстаўка
a prei komputer

трохколавы ровар
a baysigri

плюшавы мішка
a prei sani

шафа
a krosikasi

адзенне
a krosi

шкарпэткі
den kowsu

панчохі
den kowsu

калготкі
a kowsu

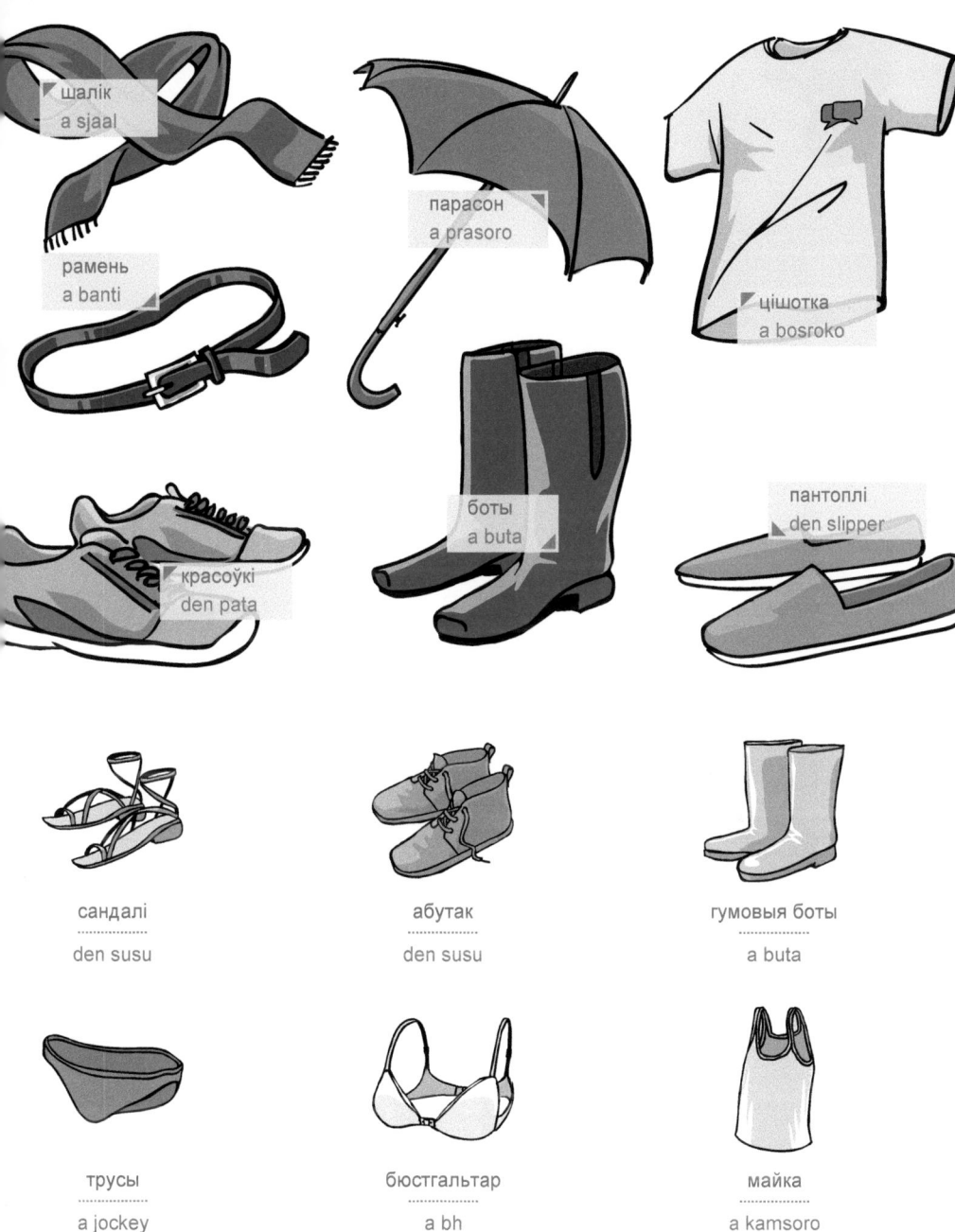

бодзі a skin	штаны a bruku	джынсы a jeansbruku

спадніца a koto	блузка a blus	кашуля a empi

джэмпер a empi	талстоўка a dyaki	блэйзер a djakti

куртка a dyakti	паліто a alendyakti	дажджавік a alendyakti

касцюм a paki	сукенка a yapon	вясельная сукенка a trowyapon

адзенне - a krosi

касцюм a paki	начная сарочка a sribikrosi	піжама a sribikrosi

сары a sari	хустка a angisa	цюрбан a tulband

паранджа a burka	каптан a kaftan	Абая a abaya

купальнік a swenkrosi	плаўкі a swenbruku	шорты a syatu bruku

спартыўны касцюм a training paki	фартух a feskoki	пальчаткі a handschoen

адзенне - a krosi

гузік
a knopo

акуляры
a aygrasi

бранзалет
a anubuy

каралі
a keti

кальцо
a linga

завушніца
a yesilinga

кепка
a ati

вешалка
a krosi anga

капялюш
a ati

гальштук
a tay

маланка
a rits

шлем
a feti musu

падцяжкі
a bretel

школьная форма
a sem skoro krosi

уніформа
a sem krosi

адзенне - a krosi

48

нагруднік

a slabbetje

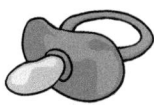

пустышка

a bobimofo

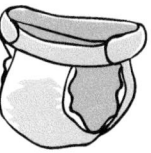

падгузнік

a pisiduku

офіс
a kantoro

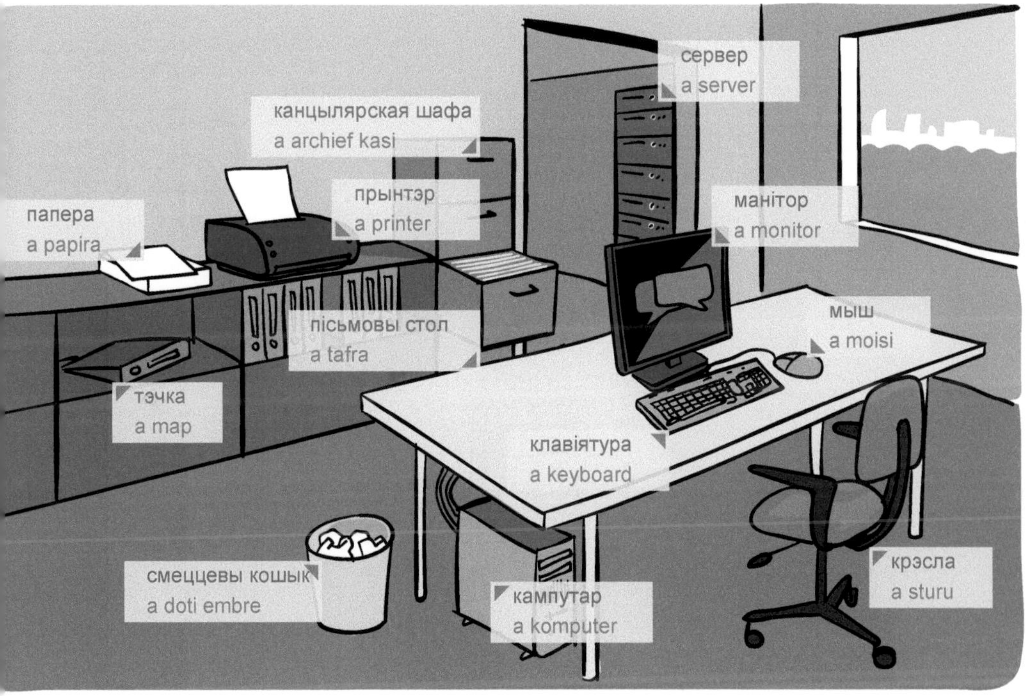

сервер
a server

канцылярская шафа
a archief kasi

прынтэр
a printer

манітор
a monitor

папера
a papira

пісьмовы стол
a tafra

мыш
a moisi

тэчка
a map

клавіятура
a keyboard

смеццевы кошык
a doti embre

кампутар
a komputer

крэсла
a sturu

убак для кавы (філіжанка)

a kofi kan

калькулятар

a kalkulator

інтэрнэт

a internet

офіс - a kantoro 49

 ноўтбук — a laptop	 ліст — a brifi	 паведамленне — a boskopu
 мабільны тэлефон — a konkrutitei	 сетка — a neti	 ксеракс — a kopi masyin
 праграмнае забеспячэнне — a software	 тэлефон — a konkrutitei	 разетка — a stopkontakt
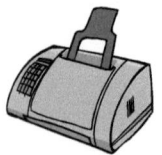 факс — a fax masyin	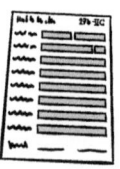 фармуляр — a formulier	 дакумент — a papira

офіс - a kantoro

эканоміка
a ekonomia

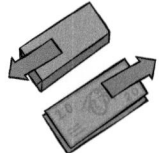
купляць
bai

плаціць
pai

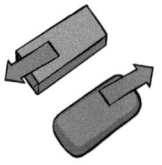
гандляваць
du

грошы
a moni

долар
a dollar

еўра
a euro

ена
a yen

рубель
a rubel

франк
a frank

кітайскі юань
a renminbi yuan

рупія
a rupie

банкамат
a monimasyin

абменны пункт
a kenki kantoro

золата
a gowtu

срэбра
a solfru

нафта
a oli

энергія
a krakti

цана
a prijs

кантракт
a kontrakti

падатак
a lantimoni

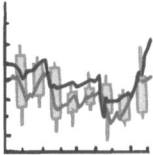
акцыя
a pisi

працаваць
wroko

служачы
a wrokoman

працадаўца
a wrokobasi

фабрыка
a fabrik

крама
a wenkri

эканоміка - a ekonomia

прафесіі
den kari

пілот
a piloot

паліцыянт
a skowtu

пажарны
a brandweerman

доктар
a datra

кухар
a boriman

садоўнік
a djariman

слесар
a temreman

швачка
a modist

суддзя
a krutubasi

хімік
a scheikunde sma

артыст
a akteur

кіроўца аўтобуса
a bus sjafeur

таксіст
a taximan

рыбак
a fisiman

прыбіральшчыца
a krinsma

страхар
a dakitapu man

афіцыянт
a diniman

паляўнічы
a ontiman

мастак
a ferfiman

пекар
a bakriman

электрык
a elektrikman

будаўнік
a bow-wroko man

інжынер
a ensjinoru

мяснік
a sraktiman

сантэхнік
a loodgieter

паштальён
a postbode

прафесіі - den kari

салдат
a srudati

архітэктар
a architekt

касір
a kasman

фларыст
a bromkisma

цырульнік
a seti sma wiri man

кандуктар
a kondukteur

механік
a monteur

капітан
a kapten

стаматолаг
a tifidatra

вучоны
a sabiman

рабін
a Dyu domri

імам
a Moslim domri

манах
a moniki

святар
a priester

прафесіі - den kari

інструменты
a wrokosani

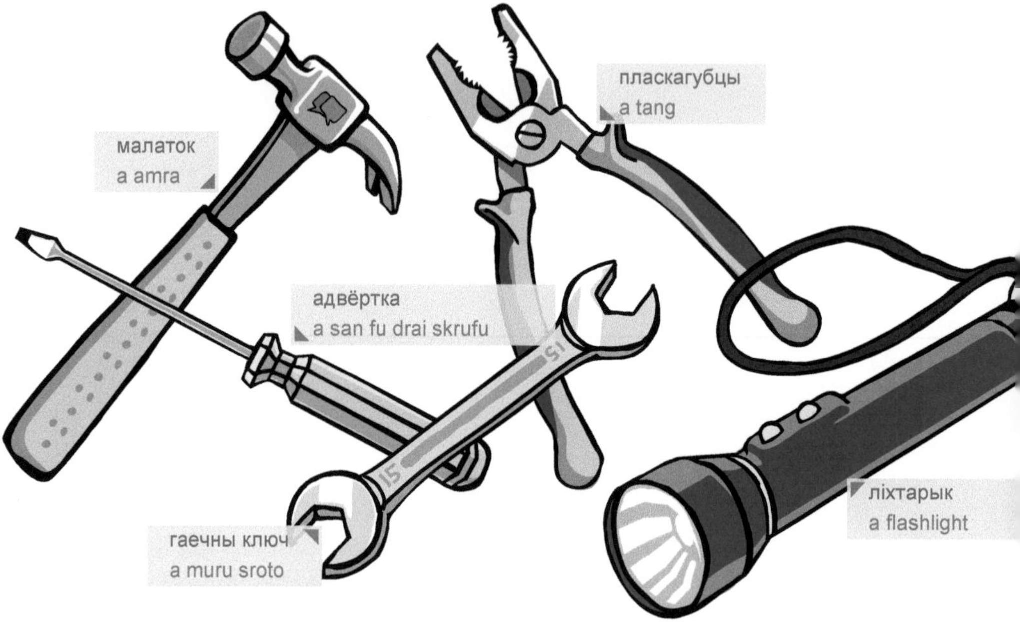

малаток
a amra

пласкагубцы
a tang

адвёртка
a san fu drai skrufu

гаечны ключ
a muru sroto

ліхтарык
a flashlight

экскаватар
a dikimasyin

скрыня для інструментаў
a wrokosani kisi

дравіны
a trapu

піла
a sa

цвікі
den spikri

дрыль
a boro

рамантаваць
meki

рыдлеўка
a skepi

Халера!
Baya!

шуфлік для смецця
a stofblik

вядро з фарбаю
a ferfi patu

балты
den skrufu

музычныя інструменты
den poku sani

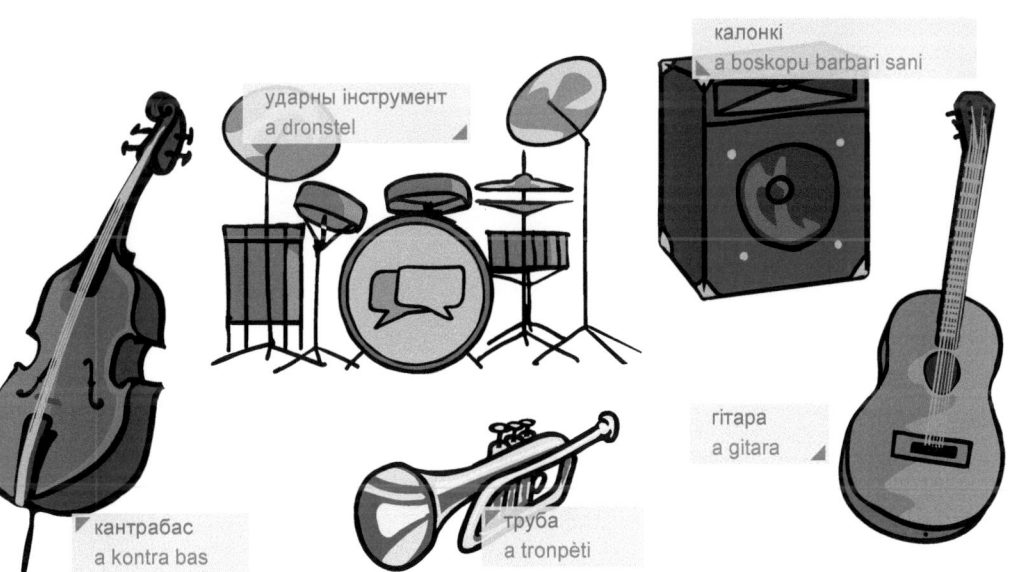

калонкі
a boskopu barbari sani

ударны інструмент
a dronstel

гітара
a gitara

кантрабас
a kontra bas

труба
a tronpèti

музычныя інструменты - den poku sani

піяніна	скрыпка	басгітара
a piano	a finyoro	a bas

літаўры	барабан	клавішны электрамузычны інструмент
a pauk	a dron	a keyboard

саксафон	флейта	мікрафон
a saxofon	a froiti	a mikrofon

музычныя інструменты - den poku sani

заапарк
a meti dyari

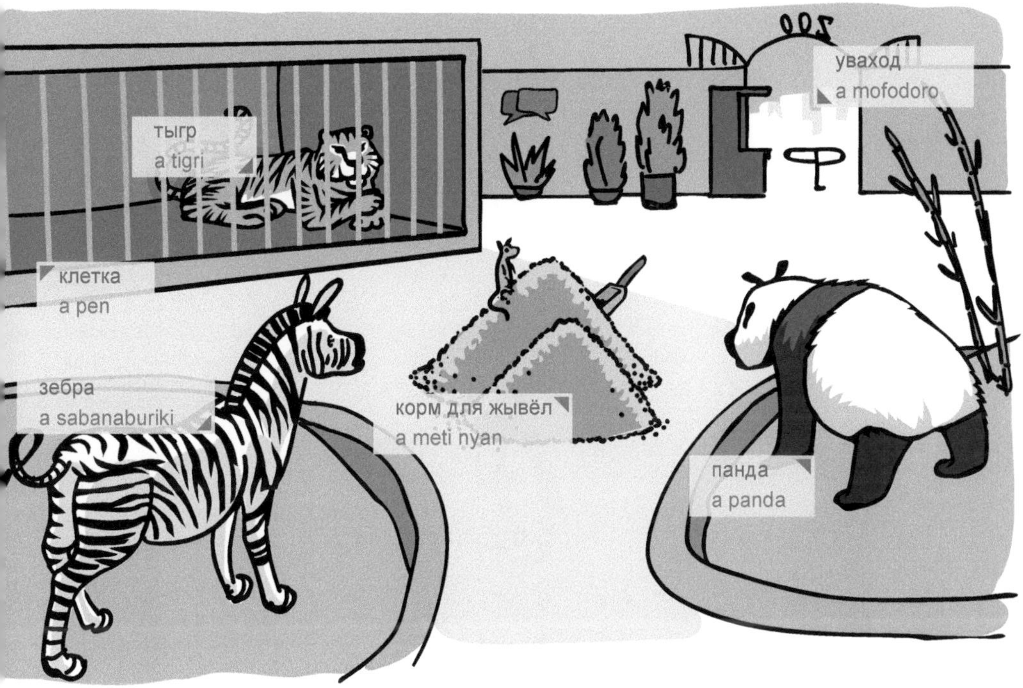

тыгр — a tigri

уваход — a mofodoro

клетка — a pen

зебра — a sabanaburiki

корм для жывёл — a meti nyan

панда — a panda

жывёлы
den meti

слон
a asaw

кенгуру
a kangeru

насарог
a neushoorn

гарыла
a gorilla

мядзведзь
a beer

вярблюд
a kameri

стравус
a stroisifowru

леў
a lew

малпа
a monki

фламінга
a korikori

папугай
a popokai

белы мядзведзь
a ijsbeer

пінгвін
a pinguïn

акула
a sarki

паўлін
a prodokaka

змяя
a sneki

кракадзіл
a kaiman

наглядчык заапарка
a sma san e sorgu meti

цюлень
a sedagu

ягуар
a penitigri

заапарк - a meti dyari

поні
a pikin asi

леапард
a penitigri

бегемот
a watrabofru

жыраф
a giraf

арол
a aka

дзік
a werder agu

рыбак
a fisi

чарапаха
a sekrepatu

морж
a walrus

ліса
a sabanadagu

газель
a dia

заапарк - a meti dyari

спорт
a sport

спорт - a sport

дзейнасць
den aktifiteit

- скакаць — jompo
- смяяцца — lafu
- абдымаць — brasa
- ісці — waka
- спяваць — singi
- маліцца — begi
- цалаваць — bosi
- марыць — dren

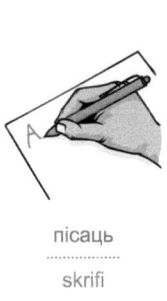

пісаць
skrifi

маляваць
hari

паказваць
sori

націснуць
pusu

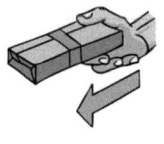

даваць
gi

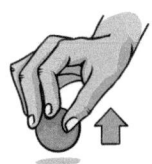

браць
teki

 мацьabi	 выконвацьdati	 быцьde
 стаяцьtnapu	 бегчыlon	 цягнуцьhari
 кідацьtrowe	 падацьfadon	 ляжацьlei
 чакацьwakti	 насіцьtyari	 сядзецьsidon
 апранаццаweri	 спацьsribi	 прачынаццаwiki

глядзець
luku

плакаць
krei

лашчыць
korikori

прычэсвацца
kan

гаварыць
taki

разумець
ferstan

пытаць
aksi

чуць
arki

піць
dringi

есці
nyanyan

прыбіраць
krin

кахаць
lobi

гатаваць
bori

ехаць
rei

лятаць
frei

дзейнасць - den aktifiteit

плаваць пад ветразем
seiri

лічыць
teri

чытаць
lesi

вучыць
leri

працаваць
wroko

уступаць у шлюб
trow

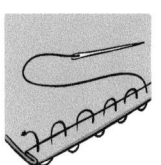
шыць
nai

чысціць зубы
krintifi

забіваць
kiri

курыць
smoko

пасылаць
seni

дзейнасць - den aktifiteit

сям'я
a famiri

бабуля / a granmama
дзядуля / a granpapa
бацька / a papa
маці / a mama
дзіця / a beibi
дачка / a umapikin
сын / a manpikin

госць
a fisiti

цётка
a tanta

дзядзька
a omu

брат
a brada

сястра
a sisa

цела
a skin

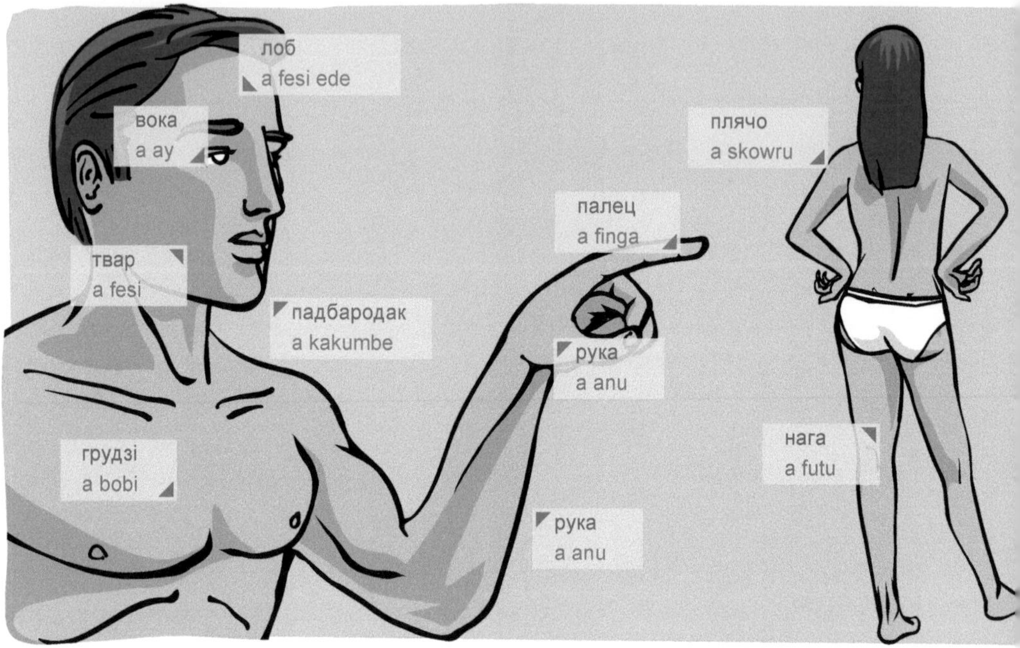

лоб
a fesi ede

вока
a ay

твар
a fesi

падбародак
a kakumbe

плячо
a skowru

палец
a finga

рука
a anu

грудзі
a bobi

нага
a futu

рука
a anu

дзіця

a beibi

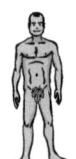

мужчына

a man

жанчына

a uma

дзяўчынка

a uma pikin

хлопчык

a boi

галава

a ede

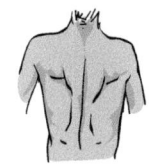

спіна
a baka

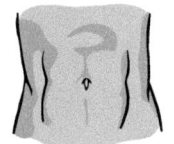

жывот
a bere

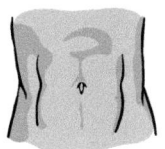

пуп
a kumba

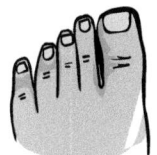

палец нагі
a futufinga

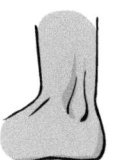

пятка
a bakafutu

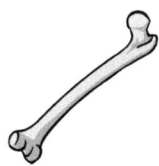

костка
a bonyo

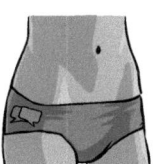

бядро
a djonku

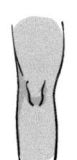

калена
a kindi

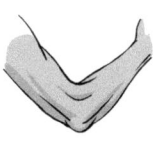

локаць
a baka anu

нос
a noso

ягадзіца
a bakasei

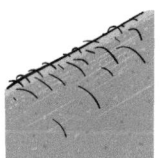

скура
a skin

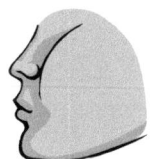

шчака
a seifesi

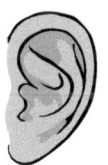

вуха
a yesi

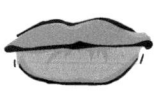

губа
den mofobuba

цела - a skin

рот
a mofo

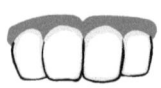

зуб
a tifi

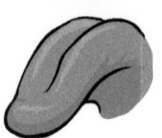

язык
a tongo

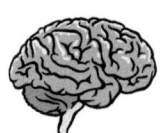

галаўны мозг
a ede tonton

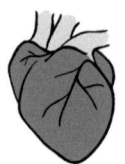

сэрца
a ati

мышца
a titei

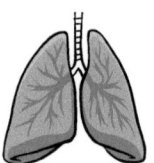

лёгкае
a fokofoko

пячонка
a lefre

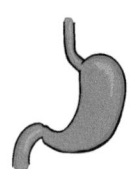

страўнік
a bere

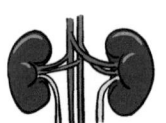

ныркі
den niri

сэкс
a freiri

прэзерватыў
a pipikowsu

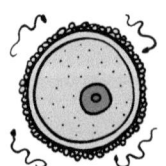

яйцаклетка
a eksi

сперма
a siri

цяжарнасць
a bere

цела - a skin

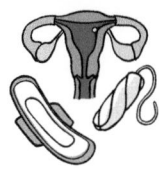
менструацыя
a munsiki

похва
a umapresi

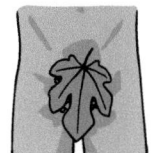
пеніс
a toli

брыво
a tapu-ay-wiwiri

валасы
a wiwiri

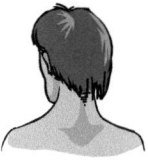
шыя
a neki

цела - a skin

шпіталь
a ati oso

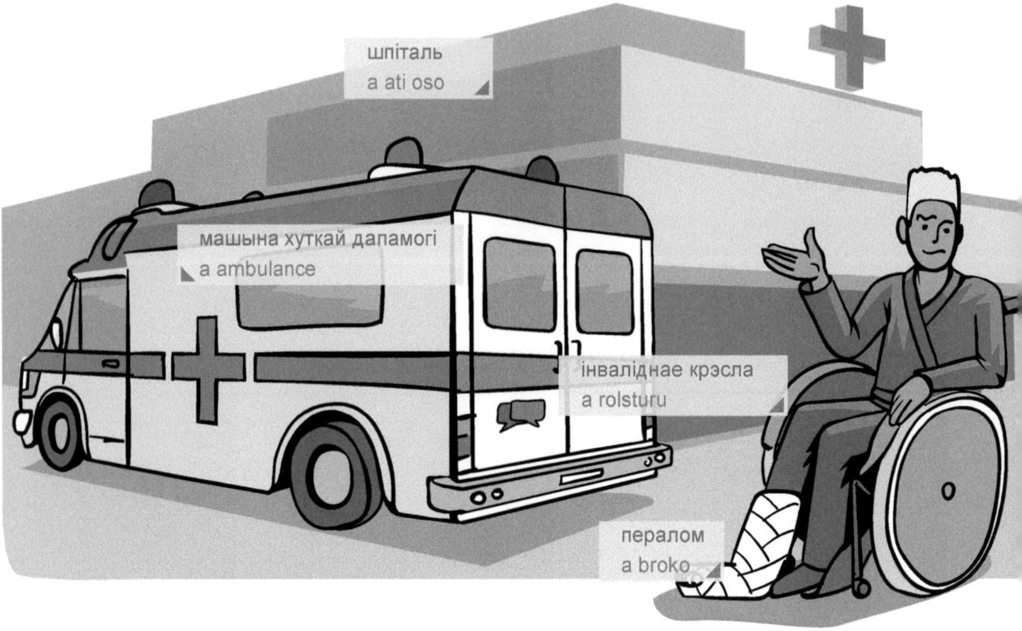

шпіталь
a ati oso

машына хуткай дапамогі
a ambulance

інвалідная крэсла
a rolsturu

пералом
a broko

доктар

a datra

аддзяленне першай дапамогі

a EHBO

медсястра

a suster

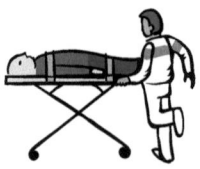

экстраная дапамога

a nowtu

непрытомны

flaw

боль

a pen

траўма
a soro

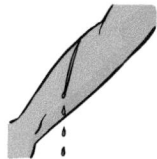
крывацёк
a brudu

інфаркт
a ati siki

апаплексія
a bururtu

алергія
a trefu

кашаль
koso

гарачка
a kortsu

грып
a griep

панос
a lusu bere

галаўны боль
a ede-ati

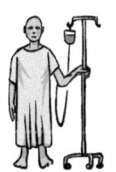
рак
a takrusiki

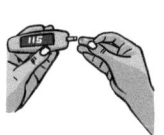
дыябет
a sukru

хірург
a chirurg

скальпель
a skalpel

аперацыя
a operâsi

шпіталь - a ati oso

	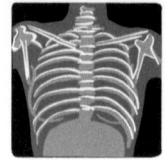	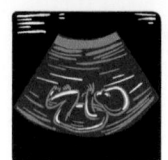
КТ a CT	рэнтген a röntgen	ультрагук a echo

маска a fesi maskradu	хвароба a siki	пачакальня a wakti kamra

мыліца a kroku	пластыр a duku	бінт a duku
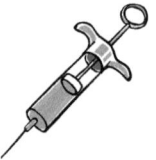	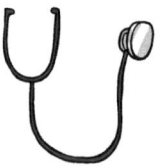	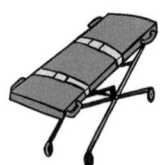
ін'екцыя a spoiti	стэтаскоп a stethoskoop	насілкі a brandkard

градуснік a temperatuur marki	нараджэнне a gebore	лішняя вага a fatu

шпіталь - a ati oso

слухавы апарат
a masyin fu yere

дэзінфекцыйны сродак
a sani fu krin

інфекцыя
a dyomposiki

вірус
a firus

ВІЧ/СНІД
a HIV / AIDS

лекі
a dresi

прышчэпка
a faksinasi

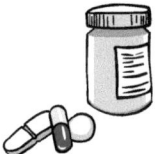
таблеткі
den perki

супрацьзачаткавая таблетка
a perki

экстраны выклік
a nowtu nomru

танометр
a brudu marki

хворы / здаровы
siki / gesontu

шпіталь - a ati oso

экстраная дапамога
a nowtu

сігналізацыя
a warskow

напад
a feti

Ратуйце!
Yepi!

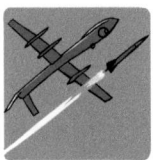
атака
a feti

небяспека
a ogri

аварыйны выхад
a nowtu doro

вогнетушыцель
a fayakiri sani

аварыя
a mankeri

Пажар!
Faya!

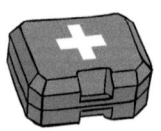
аптэчка
a EHBO-kofru

COC
SOS

паліцыя
a skowtu

Зямля
a grontapu

Еўропа
Bakrakondre

Паўночная Амерыка
Opo-Amerkan

Паўднёвая Амерыка
Suid-Amerkan

Афрыка
Afrika

Азія
Asi

Аўстралія
Australia

Атлантычны акіян
a Atlantis Se

Ціхі акіян
a Tan tiri Se

Індыйскі акіян
a Indisch Se

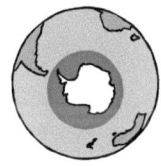

Паўднёвы ледавіты акіян
a Suidsei Se

Паўночны ледавіты акіян
a Noordsei Se

Паўночны полюс
a Noordsei

Паўднёвы полюс — a Suidsei

Антарктыда — Antartika

Зямля — a grontapu

краіна — a kondre

мора — a se

востраў — a eilanti

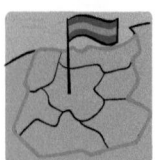 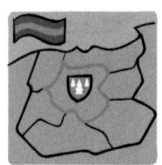

нацыя — a nâsi

дзяржава — a lanti

гадзіннік
oloisi

цыферблат
a oloisi fesi

гадзінная стрэлка
a yuru sori

хвілінная стрэлка
a miniti sori

секундная стрэлка
a sekonde sori

Колькі часу?
O lati a de?

дзень
a dey

час
a ten

зараз
now

электронны гадзіннік
a oloisi

хвіліна
a miniti

гадзіна
a yuru

тыдзень
a wiki

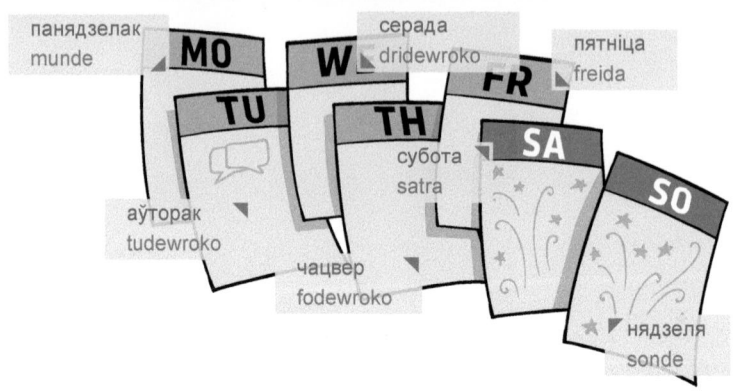

панядзелак — munde
аўторак — tudewroko
серада — dridewroko
чацвер — fodewroko
пятніца — freida
субота — satra
нядзеля — sonde

ўчора
esde

сёння
tide

заўтра
tamara

раніца
a mamanten

абед
a bakadina

вечар
a neti

працоўныя дні
den wrokodei

выхадныя
a weekend

год

a yari

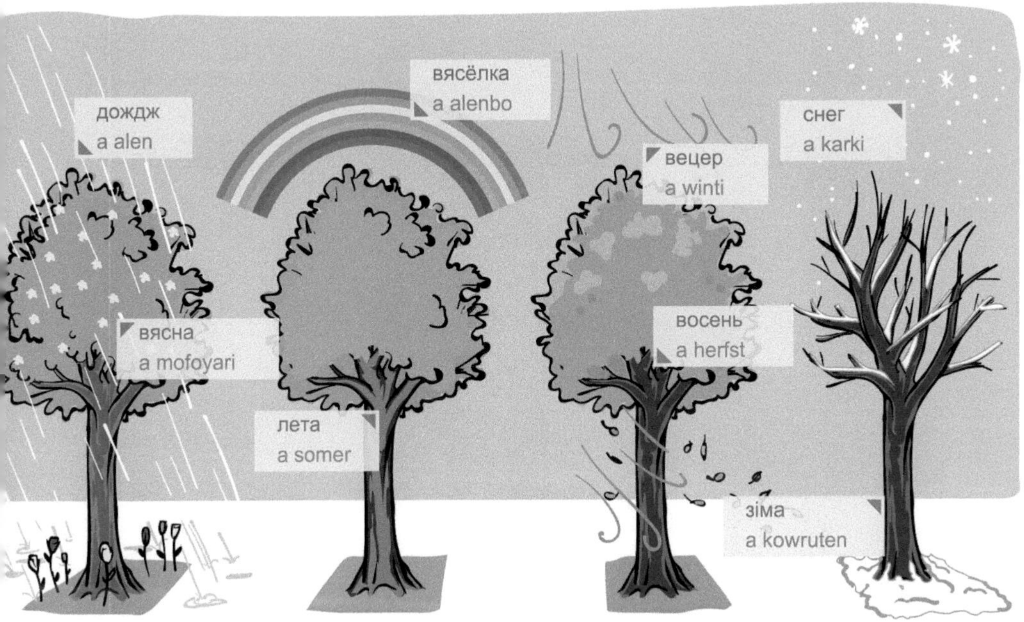

дождж
a alen
вясёлка
a alenbo
снег
a karki
вецер
a winti
вясна
a mofoyari
восень
a herfst
лета
a somer
зіма
a kowruten

4.APRIL 11°
5.APRIL 4°
6.APRIL 13°
7.APRIL 8°
8.APRIL 10°

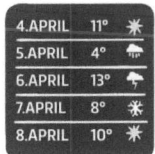

прагноз надвор'я

a taki fu a weer

F
C
120
90
60
30
0
-30
40
30
20
10
0
-10
-20

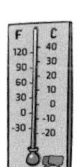

градуснік

a thermometer

сонечнае святло

a skèin fu a son

воблака

a wolku

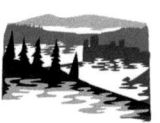

туман

a dow

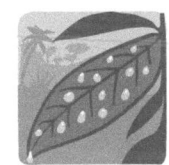

вільготнасць паветра

a loktu foktu

маланка
a faya

гром
a dondru

бура
a sekiwatra

град
a agra

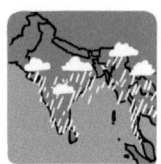
мусонны вецер
a bigi skwala

прыліў
a frudu

лёд
a èisi

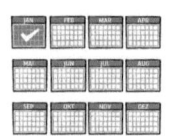
студзень
januari

люты
februari

сакавік
maart

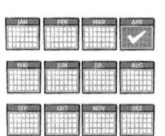
красавік
april

май
mei

чэрвень
juni

ліпень
juli

жнівень
augustus

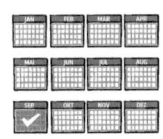
верасень
september

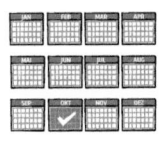
кастрычнік
oktober

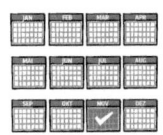
лістапад
nofember

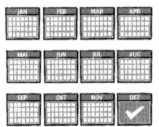
снежань
december

формы
den form

круг
a lontu

квадрат
a fokanti

прамавугольнік
a fokanti naga langa sei

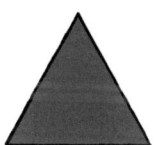
трохвугольнік
a dri-uku

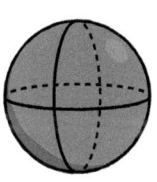
шар
a lontu

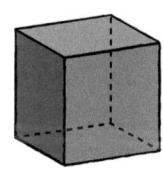
куб
a kubus

колеры
kloru

белы
witi

жоўты
geri

аранжавы
alanya

ружовы
ròs

чырвоны
redi

фіялетавы
lila

сіні
blaw

зялёны
grun

карычневы
broin

шэры
grei

чорны
blaka

супрацьлегласці
difrenti

шмат / мала
tumsi / wanwan

злы / добры
atibron / tiri

прыгожы / брыдкі
moi / takru

пачатак / канец
begin / kba

высокі / малы
bigi / ptyin

светлы / цёмны
lekti / dungru

сястра / брат
brada / sisa

чысты / брудны
krin / doti

поўны / няпоўны
krinkrin / no bun nofo

дзень / ноч
dei / neti

мёртвы / жывы
dede / libi

шырокі / вузкі
bradi / smara

ядомы / неядомы
kan nyan / no kan nyan

злы / добры
takru / bun

узбуджаны / нудны
prisiri / ferferi

тоўсты / тонкі
fatu / fini

першы / апошні
fosi / lasti

сябар / вораг
mati / feyanti

поўны / пусты
furu / leigi

цвёрды / мяккі
tranga / safu

важкі / лёгкі
hebi / lekti

голад / смага
angri / dreineki

хворы / здаровы
siki / gesontu

нелегальны / легальны
no gi pasi / tru

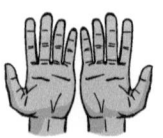

разумны / дурны
koni / don

левы / правы
kruktu / leti

побач / далёка
gi / fara

супрацьлегласці - difrenti

ovы / былы ва ўжыванні
nyun / owru

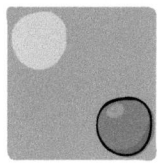
нічога / нешта
noti / wan sani

стары / малады
owru / jongu

укл / выкл
leti / tapu

адчынены / зачынены
opo / tapu

ціхі / гучны
safu / tranga

багаты / бедны
gudu / poti

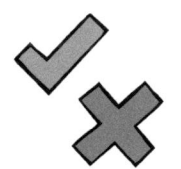
правільна / няправільна
bun / fowtu

шурпаты / гладкі
grofu / grati

сумны / шчаслівы
sari / breiti

кароткі / доўгі
shatu / langa

павольны / хуткі
loli / esi esi

вільготны / сухі
nati / drei

цёплы / халаднаваты
warang / kowru

вайна / мір
feti / freide

супрацьлегласці - difrenti 87

лічбы
den nomru

0 нуль / noti

1 адзін / wan

2 два / tu

3 тры / dri

4 чатыры / fo

5 пяць / feifi

6 шэсць / siksi

7 сем / seibi

8 восем / aiti

9 дзевяць / neigi

10 дзесяць / tin

11 адзінаццаць / erfu

12
дванаццаць
twarfu

13
трынаццаць
tin-na-dri

14
чатырнаццаць
tin-na-fo

15
пятнаццаць
tin-na-feifi

16
шаснаццаць
tin-na-siksi

17
сямнаццаць
tin-na-seibi

18
васямнаццаць
tin-na-aiti

19
дзевятнаццаць
tin-na-neigi

20
дваццаць
twenti

100
сто
hondru

1.000
тысяча
dusun

1.000.000
мільён
milyun

лічбы - den nomru

мовы
den tongo

англійская
Ingristongo

англійская (Амерыка)
Amerkan Ingristongo

кітайская мандарынская
Sneisi Mandarijntongo

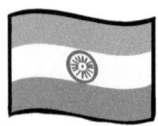

хіндзі
Hinditongo

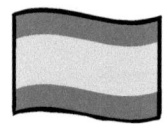

іспанская
Spanyoro

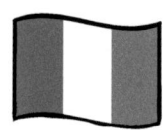

французская
Frans

арабская
Arabiatongo

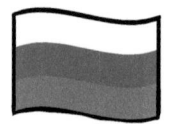

руская
Rusitongo

партугальская
Potogisi

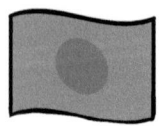

бенгальская
Bengalitongo

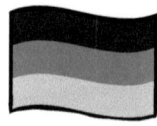

нямецкая
Doisritongo

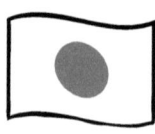

японская
Japantongo

хто / што / як
suma / sang / fa

я
mi

ты
yu

ён / яна / яно
en / en / en

мы
unu

вы
yu

яны
den

хто?
suma?

што?
san?

як?
fa?

дзе?
pe?

калі?
oten?

імя
a nen

дзе
ре

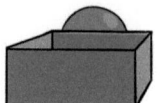

за
baka

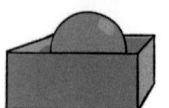

у
ini

перад
fesi

над
abra

на
tapu

пад
ondro

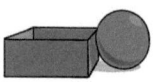

каля
na sei

паміж
mindri

месца
presi